Weihnachtliches Landleben

)as Jahr neigt sich seinem Ende zu und die Gemütlichkeit hält wieder Einzug in ·läuser und Wohnungen. Damit die Weihnachts- und Winterzeit noch schöner wird, inden Sie in diesem Buch viele neue Holzmotive für drinnen und draußen zum \lacharbeiten.

-röhliche Weihnachtsmänner, ein süßes Schneeflockenmädchen, Elch, Rentier und :ngel sowie viele weitere wunderschöne Motive warten schon auf ihren großen \uftritt und ein Plätzchen in Ihrem Zuhause. Ob als Standfigur im Eingangsbereich, ıls Vogelfutterstelle im Garten, als Lichterbogen, Kalender oder Deko-Kette – die ıeuen Motive sind überall ein echter Hingucker und begeistern Groß und Klein!

;ie brauchen nur etwas Sperrholz, ggf. auch ein Stück Leimholz, Acrylfarbe, eine .aub- oder Dekupiersäge und schon kann der Sägespaß beginnen.

ch wünsche Ihnen eine besinnliche Weihnachtszeit und viel Freude mit Ihrer ıeuen Dekoration!

hre

Die Motive lassen sich in folgende Schwierigkeitsgrade unterteilen:

● ○ ○ einfach ● ● ○ etwas schwieriger ● ● ● anspruchsvoll

MATERIALIEN UND WERKZEUGE

Folgende Materialien und Werkzeuge werden für fast jedes der hier im Buch gezeigten Modelle benötigt. Sie werden in den einzelnen Materiallisten nicht mehr extra aufgeführt.

- Pappelsperrholz, 4 mm, 6 mm, 8 mm und 1 cm stark
- Buchen- oder Fichtenleimholz, 1,8 cm stark
- Bleistift
- Radiergummi
- Schneiderkopierpapier (ggf. auch Kohlepapier)
- Transparentpapier
- Klebefilm
- Laub- oder Dekupiersäge (mit Sägeblättern für Holz)
- Schleifpapier, z. B. mit einer Körnung von 80 und 120
- evtl. Schraubzwinge
- Feile
- matte Acrylfarbe
- breiter Borstenpinsel
- schmaler Pinsel
- dünner, wasserfester Stift in Schwarz
- dünner, wasserfester Lackmalstift in Weiß (für Augen und Zähne)
- evtl. Ellipsenschablone (für die Augen)
- evtl. Sprühlack
- UHU Alleskleber kraft
- Heißklebepistole
- Holzleim
- geglühter Draht, ø 0,35 mm, 0,65 mm und 1,4 mm
- Holzschrauben, Senkkopf, ø 3,5 mm, 3 cm lang (zum Anschrauben der Standflächen)
- Sockelleistenstifte, ø 1,4 mm, 2,5 cm lang
- Bohrer (Spiralbohrer), ø 1,5 mm, 2 mm, 3 mm, 4 mm und 6 mm
- Bohrmaschine oder Akkuschrauber
- Seitenschneider
- spitze Rundzange
- Hammer
- mittelgroße, spitze Schere
- evtl. Cutter mit Schneideunterlage
- verschiedene Feilen mit feinem Blatt

Hinweise: Als „Rest“ wird immer ein Holzstück bezeichnet, das maximal A5 groß ist.

Der 1,4 mm starke Bindedraht ist unter dem Namen „Rödeldraht“ im Baustoffhandel erhältlich.

So geht es

1

1 Zuerst alle Motivteile auf das Sperrholz übertragen. Dazu das Schneiderkopierpapier (mit der beschichteten Seite nach unten) auf das Sperrholz legen, darüber die Vorlage platzieren und die Konturen mit einem Bleistift oder Kugelschreiber nachziehen. Zusätzliche Einzelteile (wie z. B. der Arm des Schäfchens auf Seite 24) werden mit etwas Abstand zum Grundmotiv auf das Sperrholz übertragen. Darauf achten, dass die Teile nicht überlappen.

2 Alle Teile mit einer Laub- oder Dekupiersäge aussägen. Die Kanten sorgfältig mit Schleifpapier glätten. Für das Aussägen innen liegender Bereiche (hier die Herzform) zunächst ein Loch in die Fläche bohren, das Sägeblatt durchführen und die Fläche aussägen.

Hinweis: Die Bohrer, die Sie jeweils zum Vorbohren benötigen, sind in den Materiallisten mit aufgeführt.

2

3 Alle Teile wie abgebildet bemalen und trocknen lassen. Danach die Augen und die Innenlinien mit einem dünnen schwarzen Stift ergänzen. Zum Schluss alle benötigten Löcher bohren und die Teile wie in der jeweiligen Anleitung beschrieben zusammensetzen. Für den Außenbereich das Motiv mit wetterfestem Lack besprühen.

3

Verwenden von Schablonen

Die Umrisslinien können auch mit einer Schablone übertragen werden. Dazu mit einem Bleistift das Motiv auf Transparentpapier ohne Überschneidungen abpausen. Dann das Transparentpapier auf dünnen Karton kleben und die abgepausten Motivteile ausschneiden. Fertig sind die Schablonen, die dann auf das Holz oder den Stoff gelegt und mit einem Bleistift oder Kugelschreiber umfahren werden können. Für das Arbeiten mehrerer gleicher Teile, z. B. Sterne, ist diese Übertragungsweise besonders geeignet.

Sperrholz

Das Sperrholzstück sollte nicht zu knapp bemessen sein. Die in diesem Buch genannten Maße sind Mindestangaben. Ein etwas größeres Stück lässt sich beim Aussägen besser festhalten und ist sicherer und leichter zu handhaben. Pappelsperrholz eignet sich besonders gut für Laubsägearbeiten. Statt 1 cm starkem Sperrholz kann auch dünneres Material verwendet werden.

Aussägen innen liegender Flächen

Beim Aussägen innen liegender Flächen wird ein Loch in die Fläche gebohrt und das Sägeblatt durchgeführt. Die Größe des Bohrloches muss dabei der Stärke des Sägeblattes oder dem bei der Dekupiersäge verwendeten Sägeblatt angepasst werden. Ist ein Arbeiten mit der jeweiligen Dekupiersäge nicht möglich, muss eine Laubsäge verwendet werden.

Drahtlocken

Schöne Drahtlocken erhält man, wenn die Drahtenden um einen runden Gegenstand gewickelt werden, z. B. um einen Pinselstiel.

Figuren bemalen

Um ein Ineinanderlaufen der Farben zu vermeiden, sollte jede Farbe völlig trocken sein, bevor die nächste aufgetragen wird. Wird beim Bemalen zufällig eine Innenlinie übermalt, ist das nicht weiter schlimm. In diesem Fall einfach die Motivvorlage auf Transparentpapier übertragen, die Linien auf der Rückseite mit Bleistift nachziehen und dann das Transparentpapier auf das bereits bemalte Motiv legen. Beim erneuten Nachfahren der Linien überträgt sich der Bleistiftgrafit von der Rückseite des Transparentpapiers auf das Motiv. Dann die Innenlinien mit dem schwarzen Stift nachziehen. Manchmal ist es einfacher, die schwarzen Innenlinien vor dem Ankleben der Einzelteile aufzumalen. Für Augen und Nasen evtl. eine Ellipsen- oder Kreisschablone verwenden. Das Weiß der Augen wird mit weißer Acrylfarbe oder einem weißen Lackmalstift aufgetragen. Die meisten Wangenflecken und Nasen erhalten noch einen kleinen weißen Pinselstrich.

Verwenden von Krakelierlack

Wenn das Motiv antik wirken soll, wird Krakelierlack verwendet. Er sorgt für feine Risse und die Farbe wirkt alt. Als erstes die ausgesägten und gesäuberten Holzteile mit der gewünschten Grundfarbe grundieren und trocknen lassen. Dann die Teile mit Krakelierlack bestreichen, wieder trocknen lassen und alles mit der gewünschten Farbe bemalen. Die Farben zügig und möglichst in einer Richtung auftragen. Die kleinen Risse werden relativ schnell sichtbar.

Motivrückseite

Bei einigen Motiven lässt sich die Rückseite genauso hübsch wie die Vorderseite gestalten. Dazu müssen alle Einzelteile, die aufgeklebt werden, ein zweites Mal ausgesägt werden. Danach die Innenlinien spiegelverkehrt auf die Motivrückseite übertragen. Dazu alle Linien des Motivs mit einem weichen Bleistift auf Transparentpapier nachzeichnen und dieses mit der Vorderseite nach unten auf das bereits ausgesägte Motiv legen. Nun die aufgezeichneten Innenlinien nachfahren. Dabei zeichnet sich der Grafit der Bleistiftlinien auf dem Sperrholz ab.

Befestigung auf der Bodenplatte

Die Unterkante der Figur, die die Standfläche berührt, sollte so exakt wie möglich gearbeitet sein. Unebenheiten bringen die Figur zum Kippen. Besonders bei großen Figuren ist es sinnvoll, die Figur auf der Bodenfläche festzuschrauben. Dazu ein oder zwei Löcher (ø 4 mm) im Bereich der Befestigungsfläche in die Bodenplatte bohren. Dann die Position der Löcher an der Unterkante der Figur markieren und vorbohren (ø 2 mm). Die Figur von unten durch die Bodenfläche festschrauben.

Hübsche Stoffe

Patchworkstoffe eignen sich prima für das Ausschmücken der Motive. Sie sind in gut sortierten Stofffachgeschäften erhältlich.

Schwibbögen aussägen

Eine Kartonschablone des Motivs auf das Sperrholz legen und die Konturen mit Bleistift nachziehen. Dabei bitte unbedingt auf die Holzmaserung achten: Sie sollte nicht schräg zum Motiv verlaufen. Nun das Motiv erst grob aussägen, dann exakt. Dazu ein sehr feines Sägeblatt verwenden. Für die schmalen, innen liegenden Flächen mit dem 2 mm-Bohrer ein Loch bohren und das feine Sägeblatt durchfädeln. Beim Aussägen sehr vorsichtig arbeiten, da dieses Sägeblatt schnell reißen kann. Die Sägekanten evtl. mit kleinen Feilen nacharbeiten, zum Schluss die Kanten mit Schleifpapier glätten.

Eisbären-Pinnwand

→ auch als Geschenk willkommen

MOTIVHÖHE
ca. 25 cm

MATERIAL
Sperrholzrest, 4 mm stark

Sperrholz, 1 cm stark, 40 cm x 30 cm

Acrylfarbe in Weiß, Lachsrot, Himmelblau und Antikblau

Magnetfarbe

8 Magnete, extrastark, ø 1 cm

Plusterstift in Weiß

evtl. doppelseitiges Klebeband

VORLAGENBOGEN 1A

1 Die Fische und die Grätenteile aus dem dünnen und den Eisbären aus dem dicken Sperrholz aussägen.

2 Den Eisbären mit Magnetfarbe mehrfach einstreichen. Alle Sperrholzteile wie abgebildet anmalen. Den Eisbären mit Weiß übermalen. Das Gesicht gestalten, die Innenlinien ergänzen und die Fische mit Plusterstift in Weiß verzieren. Auf die Rückseite der Kleinteile jeweils zwei Magnete kleben.

3 Den Eisbären mit doppelseitigem Klebeband am gewünschten Aufhängeort befestigen.

Tipp: Beim Aufkleben der Magnete auf die Pole achten. Sie sollten sich nicht abstoßen. Kleben Sie den zweiten Magneten am besten erst auf, wenn der Klebstoff des ersten vollständig getrocknet ist.

Niedliches Engel-Trio

→ ein etwas anderer Adventskalender

MOTIVHÖHE
großer Engel ca. 36 cm

MATERIAL
- Sperrholz, 6 mm stark, 40 cm x 30 cm
- Sperrholz, 1 cm stark, 60 cm x 70 cm
- Acrylfarbe in Hautfarbe, Weiß, Lachsrot, Banane, Pfirsich, Hellgrau, Gold metallic, Silber metallic, Altrosa, Antikgrün und Lindgrün
- 3 Rohholzhalbkugeln, ø 1 cm
- 4 Rohholzkugeln, ø 2,5 mm (Bohrung: ø 6 mm)
- 4 Rundholzstücke, ø 6 mm, 4,5 cm lang
- Strukturschnee
- Plusterstift in Gold
- Juteschnur in Dunkelgrün, ø 2 mm, 70 cm lang
- 24 Mini-Zierklammern, ca. 2,5 cm lang
- Spitzenborte in Weiß, 2,5 cm breit, 26 cm lang (linker Engel)
- Spitzenborte in Weiß, 2 cm breit, 36 cm (mittlerer Engel) und 28 cm lang (rechter Engel)
- Hologrammsterne in Silber und Gold, ø 3 mm
- Klarlack, matt
- evtl. 6 Holzschrauben (zum Festschrauben auf der Standfläche)
- Bastelfilz in Grün meliert, 1 mm stark, 40 cm x 30 cm
- Bastelfilz in Rot meliert, Rot kariert und Grün kariert, 1 mm stark, je 30 cm x 20 cm
- Fotokarton in Gelb, 20 cm x 20 cm
- Bohrer, ø 6 mm (2 mm und 4 mm zum Vorbohren)

VORLAGENBOGEN 1B+2B

1 Die Flügel und das zusätzliche Haarteil aus dem dünnen, die Engel und die Bodenfläche aus dem dicken Sperrholz aussägen.

2 Alle Sperrholzteile und Rohholzkugeln wie abgebildet anmalen. Auf die Flügel etwas Klarlack sprühen, die Hologrammsterne aufstreuen und nochmals mit Lack überziehen. Die Gesichter gestalten und die Innenlinien aufmalen.

3 Die Löcher für die Rundholzstücke bohren. Mit dem dünnen Bohrer vorbohren. Den Engeln die Nasen, das zusätzliche Haarteil und die Spitzenborten aufkleben.

4 Auf die zugesägten, unbemalten Rundholzstücke die bemalten Rohholzkugeln stecken und danach in die vorgesehenen Bohrungen drücken. Die Rundholzenden hautfarben bemalen. Mit Plusterstift die Heiligenscheine aufzeichnen, trocknen lassen und die Flügelpaare von hinten fixieren.

5 Die Engel auf der Bodenfläche befestigen. Die Bodenfläche mit Strukturschnee verzieren. Die Juteschnur von links nach rechts an die Rundholzarme knoten. Die an den Seiten zusammengeklebten Filztaschen mit den beschrifteten Tonkartonsternen bekleben, an die Schnur klemmen und befüllen.

MOTIVHÖHE
ca. 45 cm

MATERIAL
- Sperrholzreste, 4 mm, 6 mm und 1 cm stark
- Fichtenleimholz, 1,8 mm stark, 24 cm x 24 cm
- Acrylfarbe in Ocker, Terrakotta, Dunkelgrau, Weiß, Mittelbraun, Lachsrot, Elfenbein, Gold metallic, Dunkelbraun, Hautfarbe, Olivgrün und Antikgrün
- Krakelierlack
- Plusterstift in Weiß
- Muehlenbeckiaranken
- Metallglöckchen in Messing, ø 1,1 cm
- 2 Ringschrauben, ø 6 mm, 3 mm x 1,5 mm
- Satinband in Dunkelgrün, 3 mm breit, ca. 1,70 m lang (28 cm für das Herz, 30 cm für die Tanne, 32 cm für die Zuckerstange, 25 cm für die Schleife und 55 cm für die Aufhängung)
- Stoffstreifen, 3 cm x 14 cm
- Bindedraht, ø 0,35 mm und 1,4 mm
- Bohrer, ø 1,5 mm und 3 mm

VORLAGENBOGEN 1A

Ho, ho, ho, hereinspaziert!

→ ein Hingucker an der Tür

1 Den Stern und den Lebkuchen aus dem dünnen, den Vogel, das Geweih, die Zuckerstange, die Tanne und das Lebkuchenherz aus dem mittleren, den Elch samt Schild und Tanne aus dem dicken Sperrholz aussägen. Den Kranz gemäß Vorlage aus Leimholz aussägen. Für die Innenfläche ein Loch in die Fläche bohren und aussägen.

2 Alle Teile wie abgebildet anmalen. Die Vorderseite des Kranzes in Ocker grundieren, trocknen lassen, mit Krakelierlack einstreichen, nochmals trocknen lassen und dann in Antikgrün anmalen. Das Elchgesicht gestalten, alle Innenlinien aufmalen und das Schild beschriften. Alle Bohrungen ausführen. Dem Elch von der Rückseite das Geweih ankleben. Ein kurzes Stück dicken Bindedraht in die seitliche Bohrung des Vogels stecken und fixieren. Dieses Drahtstück dient als Verbindungsstück zwischen Vogel und Geweih. Den Kranz mit dem Elch samt Schild, dem Lebkuchen und dem Stern bekleben.

3 Zwei Ringschrauben gemäß Vorlage in den Kranz drehen, dafür mit einem dünnen Bohrer (ø 1,5 mm) jeweils ein kleines Loch vorbohren. Die Ringschrauben dienen später als Aufhängeösen.

4 Einige Muehlenbeckiaranken mit dünnem Bindedraht zusammenfassen. Den Draht verzwirbeln, die Enden locken und das Bündel unter das Schild kleben. Ein weiteres kleines Bündel unter dem Vogel fixieren. Das Metallglöckchen mit dünnem Bindedraht andrahten und ein Stück Stoff auf das Schild kleben. Dafür zuvor den Stoffstreifen doppelt legen und ca. 1 cm von der Knickstelle entfernt mit dünnem Bindedraht umwickeln.

5 Die Einzelteile mit Satinband an den Kranz hängen. Dazu die Satinbänder durch die Öse fädeln, mit dünnem Bindedraht zusammendrahten und die Drahtenden locken. Eine Satinschleife binden und vor die Ringschraube kleben. Durch die zweite Ringschraube das Satinband ziehen und zur Schlaufe binden.

Ho Ho Ho !

Magst du eine Möhre?

→winterliche Deko für den Eingangsbereich

MOTIVHÖHE
ca. 46 cm

MATERIAL

- Sperrholz, 6 mm stark, 20 cm x 30 cm
- Sperrholz, 1 cm stark, 60 cm x 75 cm
- Acrylfarbe in Weiß, Olivgrün, Terrakotta, Hausergrün hell, Antikblau, Antikgrün, Mandarine, Zinnoberrot und Nougat
- 3 Rohholzhalbkugeln, ø 1,2 cm
- Bindedraht, ø 0,35 mm und 0,65 mm
- 2 Perlmuttknöpfe in Herzform, ø 1,5 cm und 2 cm
- Krakelierlack
- Plusterstift in Weiß
- Strukturschnee
- Stoffrechteck, 4 cm x 4 cm
- je 1 Stoffstreifen, 15 cm x 55 cm und 3 cm x 28 cm
- evtl. 4 Holzschrauben, Senkkopf, ø 3,5 mm, 3 cm lang (zum Festschrauben auf der Standfläche)
- Bohrer, ø 1,5 mm (ø 2 mm und 4 mm zum Vorbohren)

VORLAGENBOGEN 2A

1 Die zusätzliche Schneehaube, das Ilexblatt-Beerenteil, die Nase, das Möhren-Armteil, den Arm, die Tasche samt Möhren und zwei weitere Möhren aus dem dünnen Sperrholz aussägen. Den Schneemann, den rechten Arm, den rechten Fuß, den Hasen und die Standfläche aus dem dicken Sperrholz aussägen.

2 Das Ilexblatt-Beerenteil und die Ilexbeeren antikblau grundieren, trocknen lassen, mit Krakelierlack einstreichen, trocknen lassen und wie abgebildet anmalen. Alle anderen Sperrholzteile ebenfalls wie abgebildet anmalen. Die Gesichter aufmalen und die Innenlinien ergänzen.

3 Alle Bohrungen vornehmen. Dem Schneemann von vorn die Schneehaube, das Ilexteil, die Nase, den zusammengesetzten Arm und die Tasche samt Möhren aufkleben. Den rechten Arm und den rechten Fuß ergänzen. Die herzförmigen Knöpfe mit dünnem Bindedraht verzieren: Ein Stück durch die Löcher stecken, vorn verzwirbeln und den Draht locken. Beide Knöpfe anbringen. Beim Hasen die Barthaare ergänzen: Dafür ein Stück dicken Bindedraht u-förmig biegen, von hinten durch die entsprechenden Löcher stecken und vorn in Form biegen.

4 Das Stummelschwänzchen, die Hutkante und die Schneehaube mit Strukturschnee betupfen. Den Stoffstreifen aufkleben und die Linien aufmalen. Den Zylinder mit Plusterstift streifen.

5 Den Hasen und den Schneemann auf der Standfläche fixieren. Die Standfläche ebenfalls mit Strukturschnee verzieren und zwei weitere Möhren aufkleben. Den Figuren die Stoffschals umbinden.

Sternsinger

→ schlicht, aber edel

MOTIVHÖHE
ca. 11 cm

MATERIAL
- Sperrholzrest, 6 mm stark
- Sperrholz, 8 mm stark, 48 cm x 25 cm
- Buchenleimholz, 1,8 cm stark, 30 cm x 25 cm
- Bindedraht, ø 1,4 mm
- 2 Holzkerzenhalter mit Messingeinsatz, ø 3 cm, 2,5 cm hoch
- 2 Kerzen in Gold, ø 2 cm
- Bohrer, ø 1,5 mm

VORLAGEN-BOGEN 2B

1 Die Sterne aus dem 6 mm starken Sperrholz, die Sternsinger und die Tannen aus dem Buchenleimholz aussägen. Die Bodenplatte gemäß Vorlagenbogen aus dem 8 mm starken Sperrholz aussägen. Alle Teile mit Schleifpapier glätten und die Bohrungen anbringen.

2 Auf ein Ende des Bindedrahtstücks den Stern stecken und mit Klebstoff fixieren, das andere Ende in die seitliche Bohrung des Sängers stecken und festkleben.

3 Die Sternsinger, beide Tannen, die großen Sterne und die Kerzenhalter auf die Bodenplatte leimen.

4 Beide Kerzen in die Halter stecken.

Hinweis: Bitte die Kerzen niemals unbeaufsichtigt brennen lassen!

MOTIVHÖHE
ca. 23 cm

MATERIAL
- Sperrholzreste, 4 mm und 6 mm stark
- Sperrholz, 1 cm stark, 26 cm x 28 cm
- Acrylfarbe in Gold metallic, Banane, Taubenblau, Elfenbein, Hautfarbe, Lachsrot und Antikblau
- Paketschnur, ø 1,3 mm
- Teelichtglas mit Teelicht, ca. 2,5 cm hoch
- Iris-Flitter in Weiß
- Plusterstift in Gold
- Satinband in Dunkelgrün, 3 cm breit, 45 cm lang
- Klarlack, matt
- Bohrer, ø 3 mm

VORLAGENBOGEN
2 B

Sternenlicht

→ von einem Engelchen bewacht

1 Den Kragen und die Schuhe aus dem dünnen, den Rand (Teelichthalter) aus dem mittleren und den Engel samt Stern aus dem dicken Sperrholz aussägen. Für die innen liegenden Flächen ein Loch in die Fläche bohren und das Sägeblatt durchfädeln.

2 Alle Teile wie abgebildet anmalen und das Gesicht aufmalen. Die Flügel mit Klarlack einsprühen, mit Iris-Flitter bestreuen und nochmals lackieren. Den Kragen, die Schuhe und den Rand fixieren. Den Kragen mit goldfarbenen Plusterstiftpunkten verzieren. Den Zöpfen je eine Schleife aus Paketschnur umbinden.

3 Das Bohrloch für die Aufhängung anbringen und den Stern mit dem Satinband, das durch die Bohrung gezogen wird, aufhängen. Das Teelichtglas mit Teelicht einsetzen.

Tipp: Vor dem Bohren des Bohrloches für die Aufhängung das Motiv mit einem vollen Teelicht ausbalancieren.

Hinweis: Bitte das Teelicht niemals unbeaufsichtigt brennen lassen!

Wir sind Freunde

→ ein zauberhaftes Duo

MOTIVHÖHE
ca. 36 cm

MATERIAL

- Sperrholzrest, 4 mm stark
- Sperrholz, 1 cm stark, 60 cm x 40 cm
- Acrylfarbe in Weiß, Hautfarbe, Terrakotta, Schwarz, Dunkelbraun, Hellbraun, Antikgrün, Zinnoberrot, Ocker, Hellgrau, Dunkelgrau, Olivgrün und Antikblau
- 6 Rohholzhalbkugeln, ø 6 mm
- 5 Kammzwecken (= kleine Nägel), ø 1,4 mm, 1 cm lang
- Bastelfilzrest in Grün meliert, 1 mm stark
- Bindedraht, ø 0,35 mm
- Metallglöckchen in Messing, ø 1,1 cm
- Paketschnur, ø 1,7 mm
- Dschungelmoos in Natur
- Strukturschnee
- je 1 Stoffstreifen, 9 cm x 10 cm, 3,5 cm x 3 cm und 3 cm x 15 cm
- Satinband in Rot, 3 mm breit, 35 cm lang
- kurzes Rundholzstäbchen
- evtl. 2 Holzschrauben, Senkkopf, ø 3,5 mm, 3 cm lang (zum Festschrauben auf der Standfläche)
- Bohrer, ø 3 mm (2 mm und 4 mm zum Vorbohren)

VORLAGENBOGEN 3A

1 Das Geweih, die Nase, das Mundteil, die Mützenkante, die Zuckerstange, das Gebäck, die Ilexblätter, die Schuhe und die Hasenpfoten aus dem dünnen Sperrholz aussägen. Das komplette Motiv, das Geschenk und die Bodenplatte aus dem dicken Sperrholz aussägen. Aus dem kompletten Sperrholzteil die Innenfläche gemäß Vorlage aussägen. Dazu ein Loch entsprechend der Sägeblattausführung in die Fläche bohren und das Sägeblatt durchfädeln.

2 Die Sperrholzteile und die Rohholzhalbkugeln wie abgebildet anmalen. Alle Innenlinien aufmalen und die Gesichter gestalten.

3 Den Mützenrand, die Ilexblätter, die Ilexbeeren, das Schuhteil, die Pfoten und das Mundteil samt Nase von vorn anbringen. Die herzförmige Filztasche mit Kammzwecken festnageln. Dabei vor dem Fixieren ein kurzes Rundholzstäbchen unter den Filz legen, damit eine gewölbte Form entsteht. Das Geweih von hinten ergänzen.

4 Die Pelzkanten und den Mützenpompon mit Strukturschnee betupfen. Den Flicken ergänzen, die Nähstiche aufmalen und eine Schleife aus Paketschnur auf den Geschenkesack kleben. Den großen Stoffstreifen mittig mit dünnem Bindedraht zusammenziehen, verzwirbeln, ein Metallglöckchen auffädeln, noch einmal verzwirbeln und die Drahtenden locken. Die Stoffschleife am Rentier anbringen. Den Stoffstreifen für den Schal doppelt legen, ca. 1 cm von der Knickstelle entfernt mit Bindedraht umwickeln, die Drahtenden locken und dem Weihnachtsmann an den Hals kleben. Ein 10 cm und 8 cm langes Satinbandstück um das Geschenk kleben. Aus dem restlichen Band eine Schleife binden und diese obenauf kleben.

5 Das Motiv auf der Bodenfläche fixieren, das Geschenk ergänzen und die Bodenfläche mit Dschungelmoos und Strukturschnee verzieren. Die Zuckerstange und den Lebkuchen in die Filztasche stecken.

Futterstelle für Piepmätze

→ dekorativ und nützlich

MOTIVHÖHE
Häuschen ca. 20 cm

MATERIAL
- Sperrholzreste, 4 mm und 6 mm stark
- Sperrholz, 1 cm stark, 25 cm x 20 cm
- Acrylfarbe in Gold metallic, Antikgrün, Antikblau, Terrakotta, Weiß und Ocker
- Rundholzstück, ø 4 mm, 2,5 cm lang
- Bindedraht, ø 0,35 mm und 1,4 mm
- Stoffstreifen, 4 cm x 10 cm
- 6 Rohholzhalbkugeln, ø 6 mm
- Muehlenbeckiaranken
- Krakelierlack
- Strukturschnee
- Ringschraube, ø 6 mm, 3 mm x 1,5 mm
- Paketschnur, ø 1,7 mm
- Bohrer, ø 1,5 mm, 3 mm und 4 mm
- Meisenring

VORLAGENBOGEN 4A

1 Die Ilexblätter aus dem dünnen, die zusätzliche Dachkante samt Stern aus dem mittleren und das Häuschen samt Stern aus dem dicken Sperrholz aussägen. Aus dem Häuschen das Einflugloch aussägen. Dazu ein Loch in die Fläche bohren und das Sägeblatt durchfädeln.

2 Alle Sperrholzteile und die Rohholzhalbkugeln wie abgebildet anmalen. Das Häuschen in Antikblau grundieren, trocknen lassen und mit Krakelierlack einstreichen. Nochmals trocknen lassen und in Ocker anmalen. Alle Innenlinien aufmalen.

3 Die Ilexblätter, die Ilexbeeren und die zusätzliche Dachkante aufkleben. Alle restlichen Löcher bohren. Die Sitzstange aus Rundholz einkleben. Für die Ringschraube ein kleines Loch (ø 1,5 mm) vorbohren. Nun die Ringschraube gemäß Vorlage eindrehen und den aus dem dicken Bindedraht geformten Haken für den Meisenknödel einhängen.

4 Einige Muehlenbeckiaranken mit dem Stoffstreifen auf das Häuschen kleben: Diese dafür mit dem dünnen Bindedraht zusammenfassen, danach den Stoffstreifen auf das Bündel legen und nochmals mit Bindedraht umwickeln. Die Drahtenden verzwirbeln und locken. Das Dach mit Strukturschnee betupfen.

5 Die Paketschnur als Aufhängung anbringen und den Meisenring unter das Häuschen hängen.

Zünftiges Räuchermännchen

→ ein kleines Päuschen muss sein

MOTIVHÖHE
ca. 19 cm

MATERIAL
- Sperrholzreste, 4 mm und 6 mm stark
- Sperrholz, 1 cm stark, 25 cm x 20 cm
- Acrylfarbe in Weiß, Elfenbein, Antikgrün, Hautfarbe, Lachsrot, Lindgrün, Hellgrau, Schwarz, Terrakotta und Ocker
- Rohholzhalbkugel, ø 1,2 cm
- Holzkerzenhalter mit Messingeinsatz und Tropfenfänger, ø 2 cm, ca. 2 cm hoch (für Kerzen bis ø 1,4 cm)
- 2 Perlmuttknöpfe, ø 1,1 cm
- Dschungelmoos in Natur
- Paketschnur, ø 1,3 mm
- Bindedraht, ø 0,35 mm und 1,4 mm
- 2 Mini-Leimzwingen
- evtl. Holzschraube, Senkkopf, ø 3,5 mm, 3 cm lang (zum Festschrauben auf der Standfläche)
- Bohrer, ø 1,5 mm (2 mm und 4 mm zum Vorbohren)
- Räucherkerze bzw. Räucherkegel

VORLAGENBOGEN 4A

1 Die Schnurrbartteile und das Schafsohr aus dem dünnen, beide Arme und die zusätzlichen Schuhe aus dem mittleren, das Räuchermännchen, das Schaf und die Bodenfläche aus dem dicken Sperrholz aussägen.

2 Die Rohholzhalbkugel, den Holzkerzenhalter und alle Sperrholzteile wie abgebildet anmalen. Alle Innenlinien ergänzen und die Gesichter gestalten.

3 Die Bohrungen gemäß Vorlage ausführen. In den Holzkerzenhalter von unten mittig ein ø 1,5 mm großes Loch bohren.

4 Dem Räuchermännchen die Nase, den Schnurrbart und die zusätzlichen Schuhe ankleben. Dem Schaf das zusätzliche Ohr aufkleben. Für den Kerzenhalter ein ca. 24 cm langes Stück dicken Bindedraht durch die seitliche Bohrung der Hand stecken und gemäß Abbildung in die gewünschte Form biegen. Ggf. den Draht kürzen und den kompletten Kerzenhalter fixieren. Ein ca. 22 cm langes Stück dicken Bindedraht in Form eines Hirtenstabes biegen und durch die seitliche Bohrung der linken Hand stecken.

5 Beide Arme fixieren. Dazu zwei Mini-Leimzwingen verwenden. Das Räuchermännchen mit etwas Dschungelmoos, zwei Perlmuttknöpfen und zwei Schleifen aus Paketschnur verzieren. Für die Perlmuttknöpfe etwas dünnen Bindedraht durch die Löcher fädeln, vorn verzwirbeln und die Drahtenden locken. Das Räuchermännchen und das Schäfchen auf der Bodenfläche fixieren, die Räucherkerze einsetzen.

Originelle Deko-Ketten

→ mit kleinen Nussmännchen

MOTIVHÖHE
Nussmännchen mit blauer Mütze ca. 11 cm

MATERIAL
- Sperrholz, 6 mm stark, 20 cm x 25 cm
- Acrylfarbe in Terrakotta, Hautfarbe, Lachsrot, Pfirsich, Hellbraun, Antikgrün, Gold metallic, Weiß und Antikblau
- Plusterstift in Weiß
- Metallglöckchen in Messing, ø 9 mm
- Bindedraht, ø 0,35 mm und 1,4 mm
- Spitzenborte in Weiß, 2,5 cm breit, 6 cm lang
- je 2 Stoffquadrate (zum Hinterkleben), 1,5 cm x 1,5 cm und 2 cm x 2 cm
- 2 Stoffstreifen, 1 cm x 6 cm
- 2 Holzknöpfe in Rot, ø 7 mm
- Muehlenbeckiaranken
- Bohrer, ø 1,5 mm und 3 mm

VORLAGENBOGEN 1A

1 Alle Teile aus dem Sperrholz aussägen. Für die innen liegenden Flächen ein Loch in die Fläche bohren und das Sägeblatt durchfädeln.

2 Die Motivteile wie abgebildet anmalen. Die Gesichter gestalten und die Innenlinien der Nussmännchen ergänzen. Die Mützen mit Plusterstift verzieren.

3 Alle Bohrungen ausführen. Den ausgesägten Stern und das ausgesägte Herz mit den kleinen Stoffquadraten hinterkleben. Die Stoffstreifen doppelt legen, kurz nach der Knickstelle mit dünnem Bindedraht umwickeln, vorn verzwirbeln und die Drahtenden locken. Die fertigen Schals den Nussmännchen an den Hals kleben.

4 Etwas dünnen Bindedraht von hinten durch die Knopflöcher stecken, vorn verzwirbeln und die Drahtenden locken. Die so verzierten Knöpfe auf zwei Tannen kleben. Die anderen beiden Tannen mit je einem Stoffquadrat bekleben, die Nähstiche aufmalen und die Spitzenborte auf das Herz kleben. Ein Bündel Muehlenbeckiaranken mit dünnem Bindedraht umwickeln und das Metallglöckchen andrahten. Das fertige Bündel auf den Stern kleben.

5 Sämtliche Einzelteile mit dünnem Bindedraht wie abgebildet aneinanderhängen, sodass eine Kette entsteht. Den dicken Draht in Form biegen und jeweils am Mützenbommel eines Nussmännchens einhängen.

Tipp: Diese dekorativen Ketten können Sie nach Belieben verlängern. Dazu einfach am untersten Motiv eine zweite Bohrung anbringen und mit Draht neue Anhänger ergänzen.

Himmlischer Weihnachtsbote

→ hat Spielzeug mitgebracht

1 Die Möhrennase, den Stern, die Räder und den zusätzlichen linken Arm des Engels aus dem dünnen Sperrholz aussägen. Den Schneemann, die Schuhe, den linken Arm samt Elch, die zusätzlichen Haare, die Standfläche des Schneemannes und die Flügel aus den mittleren Sperrholz aussägen. Den Engel, den rechten Arm und die Bodenfläche aus dem dicken Sperrholz aussägen.

2 Alle Sperrholzteile und die Rohholzhalbkugel wie abgebildet anmalen. Den Stern und die Flügel mit Klarlack einsprühen, in den feuchten Lack die Hologrammsterne streuen und nochmals mit Klarlack überziehen. Sämtliche Innenlinien aufmalen und die Gesichter gestalten. Die Verzierungen an den Ärmeln und am Oberkörper mit goldfarbenem Plusterstift aufmalen.

3 Alle Bohrungen ausführen. Dem Engel die Haare samt Stern, die Nase, den zusammengesetzten linken Arm und das Schuhteil ankleben. In die rechte Hand jeweils ein Stück Paketschnur in die Bohrungen kleben. Das Ende der Kordel zuvor verknoten. Nun den rechten Arm fixieren.

4 Den Knopf und die Stoffschleife ergänzen: Zuvor etwas Bindedraht durch die Knopflöcher fädeln, vorn verzwirbeln und die Drahtenden locken. Den Stoffstreifen mittig mit Bindedraht zusammenziehen, verzwirbeln, die Drahtenden locken. Für die Schnürsenkel zwei Schleifen aus der Goldkordel binden und fixieren.

5 Dem kleinen Schneemann die Nase aufkleben. Den Strickschlauch an einem Ende etwas aufrollen und die andere Seite ca. 1,5 cm vom Ende entfernt mit Paketschnur abbinden. Die Mütze wie abgebildet mit etwas Kleber am Kopf fixieren.

6 Den Schneemann auf der kleinen Bodenfläche anbringen. Die Räder von beiden Seiten ankleben. Den Engel auf der großen Bodenfläche fixieren, das Ende der Ziehschnur in die seitliche Bohrung des Schneemannes stecken, etwas fixieren und trocknen lassen. Den Wagen auf die Bodenfläche kleben.

7 Die Kante der Bodenfläche mit der Beerengirlande verzieren und einige mit Bindedraht zusammengedrahtete Muehlenbeckiaranken auf die Bodenfläche kleben.

MOTIVHÖHE
ca. 37 cm

MATERIAL

- Sperrholzrest, 4 mm stark
- Sperrholz, 6 mm stark, 40 cm x 50 cm
- Sperrholz, 1 cm stark, 50 cm x 50 cm
- Acrylfarbe in Pfirsich, Ocker, Hautfarbe, Lachsrot, Goldgelb, Hellgrau, Antikblau, Lindgrün, Rehbraun, Weiß, Orange und Gold metallic
- Rohholzhalbkugel, ø 1,5 cm
- Bindedraht, ø 0,35 mm
- Strickschlauch in Grün, 3 cm breit, 7 cm lang
- Stoffstreifen, 5 cm x 10 cm
- Perlmuttknopf in Herzform, ø 2 cm
- Hologrammsterne in Gold, ø 3 mm
- Goldkordel, ø 1,5 mm, 14 cm lang
- Paketschnur, ø 1,7 mm
- Klarlack, matt
- Plusterstift in Gold
- künstliche Beerengirlande in Gold
- Muehlenbeckiaranken
- evtl. 2 Holzschrauben, Senkkopf, ø 3,5 mm, 3 cm lang (zum Festschrauben auf der Standfläche)
- Bohrer, ø 2 mm (evtl. 4 mm zum Vorbohren)

VORLAGENBOGEN 3B

Ich freue mich auf den Winter!

→ der Schlitten kann vielseitig genutzt werden

MOTIVHÖHE
ca. 41 cm

MATERIAL
- Sperrholzrest, 4 mm stark
- Sperrholz, 6 mm stark, 25 cm x 25 cm
- Sperrholz, 1 cm stark, 50 cm x 50 cm
- Acrylfarbe in Hautfarbe, Lachsrot, Weiß, Elfenbein, Terrakotta, Gold metallic, Mittelbraun, Antikblau und Antikgrün
- Rohholzhalbkugel, ø 4 cm
- Rundholzstück, ø 6 mm, 6 cm lang
- Plusterstift in Weiß
- Bindedraht, ø 0,35 mm
- Stoffstreifen, 4 cm x 18 cm
- Strukturschnee
- Paketschnur, ø 1,7 mm
- Metallglöckchen in Messing, ø 1,5 cm
- evtl. 2 Holzschrauben, ø 3,5 mm und 3 cm lang (zum Festschrauben auf der Standfläche)
- Bohrer, ø 2 mm und 6 mm (evtl. 4 mm zum Vorbohren)

VORLAGENBOGEN
3 B

1 Den Stern und das Herz aus dem dünnen, das Gesicht-Pelzteil und die Schlittensitzfläche aus dem mittleren Sperrholz aussägen. Das Schaf, den Arm, die Schlittenkufen und die Bodenfläche aus dem dicken Sperrholz aussägen. Für die innen liegenden Flächen ein Loch in die Fläche bohren und das Sägeblatt durchfädeln.

2 Alle Sperrholzteile und die Rohholzhalbkugel wie abgebildet anmalen. Das Gesicht gestalten und die Innenlinien aufmalen.

3 Die Bohrungen anbringen. Die Rohholzhalbkugel aufkleben, das komplette Gesicht-Pelzteil fixieren, das Herz und den Stern aufkleben. Die Pelzkante mit Strukturschnee verzieren und die Strümpfe mit weißen Plusterstiftstreifen bemalen.

4 Die Paketschnur durch die seitliche Bohrung des Armes stecken. Ein Ende verknoten, damit die Schnur nicht herausrutschen kann. Das andere Ende dient später zum Anknoten an den Schlitten. Den Arm fixieren.

5 Das naturbelassene Rundholzstück so durch die Bohrung der Seitenteile des Schlittens stecken, dass die Enden bündig mit der Außenkante abschließen. Die Sitzfläche fixieren.

6 Das Schaf auf der Bodenfläche fixieren. Diese mit Strukturschnee betupfen und den Stoffstreifen am Hals der Figur anbringen. Dazu diesen mittig knicken, ca. 1 cm von der Knickstelle entfernt mit Bindedraht umwickeln, vorn verzwirbeln und die Drahtenden locken. Das andere Ende der Paketschnur am Rundholzstück des Schlittens befestigen und das Glöckchen mit einem Knoten fixieren.

Tipp: Den Schlitten können Sie nicht nur als Adventskalender verwenden, indem Sie kleine Süßigkeiten oder Geschenke darauflegen, sondern auch als Standfläche für ein Teelicht oder eine kleine Stumpenkerze nutzen. Achten Sie jedoch unbedingt darauf, dass das Teelicht oder die Kerze niemals unbeaufsichtigt brennt.

Heute kommt der Weihnachtsmann

→ leuchtet stimmungsvoll an Winterabenden

MOTIVHÖHE
ca. 44 cm

MATERIAL
- Sperrholzrest, 4 mm stark
- Sperrholz, 6 mm stark, 25 cm x 35 cm
- Sperrholz, 1 cm stark, 50 cm x 60 cm
- Acrylfarbe in Hautfarbe, Weiß, Mandarine, Terrakotta, Taubenblau, Antikblau, Lindgrün, Olivgrün, Hausergrün hell, Hellgrau, Ocker, Hellbraun und Gold
- Rohholzhalbkugel, ø 4 cm
- Stoffstreifen, 5 cm x 16 cm
- Bindedraht, ø 0,35 mm, 0,65 mm und 1,4 mm
- Strukturschnee
- Plusterstift in Gold
- Metallglöckchen in Messing, ø 1,5 cm
- evtl. 2 Holzschrauben, Senkkopf, ø 3,5 mm, 3 cm lang (zum Festschrauben auf der Standfläche)
- Metalllaterne in Gold, 7 cm x 7 cm, ca. 9 cm hoch
- Bohrer, ø 1,5 mm (evtl. 2 mm und 4 mm zum Vorbohren)

VORLAGENBOGEN 3A

1 Den Schnurrbart, die zusätzlichen Pelzkanten der Ärmel, den Arm des Bären, die Herzen und den Stern aus dem dünnen, das Gesicht-Bartteil, den kompletten rechten Arm samt Tanne, den Vogel und den Bären aus dem mittleren Sperrholz aussägen. Den Weihnachtsmann und die Standfläche aus dem dicken Sperrholz aussägen.

2 Alle Sperrholzteile und die Rohholzhalbkugel wie abgebildet anmalen. Sämtliche Innenlinien aufmalen und die Gesichter gestalten.

3 Sämtliche Bohrungen anbringen. Die Rohholzhalbkugel und die Schnurrbartteile aufkleben und das komplette Gesicht-Bartteil fixieren. Den rechten Arm samt Pelzkante und die Pelzkante des linken Armes anbringen. Den Stern und die Herzen ergänzen. Zuvor jedoch etwas dünnen Bindedraht von hinten durch die Löcher der Herzen stecken, vorn verzwirbeln und die Drahtenden locken. Mit Plusterstift in Gold die Sterne aufmalen, trocknen lassen und danach die Pelzkanten mit Strukturschnee verzieren.

4 Den Stoffstreifen doppelt legen, ca. 1 cm von der Knickstelle entfernt mit dünnem Bindedraht umwickeln und die Drahtenden locken. Den Stoffstreifen auf den Weihnachtsmann kleben und diesen auf der Bodenfläche fixieren. Dann den kompletten Bären aufkleben. Dem Vogel ein Stück dicken Bindedraht in die Bohrung stecken, das andere Ende in die Bohrung der Pelzkante stecken und fixieren. Mit dem mittleren Draht die Laterne unter den Arm hängen und das Glöckchen mit dünnem Bindedraht andrahten.

Niedliches Schneeflockenmädchen

→ Kalender für den Dezember

MOTIVHÖHE
ca. 31 cm

MATERIAL
- Sperrholz, 4 mm stark, 30 cm x 30 cm
- Sperrholz, 6 mm stark, 28 cm x 20 cm
- Sperrholz, 1 cm stark, 35 cm x 35 cm
- Acrylfarbe in Weiß, Hautfarbe, Banane, Lachsrot, Himmelblau, Silber metallic und Taubenblau
- Rohholzhalbkugel, ø 1,2 cm
- 2 Perlmuttknöpfe, ø 1,8 cm
- 12 Holzzahlen, ca. 3 cm hoch, 1, 1, 2, 2, 3, 4, 5, 6, 7, 8, 9, 0
- Plusterstift in Weiß
- Bindedraht, ø 0,35 mm
- Iris-Flitter in Weiß
- 5 Holzschrauben, Senkkopf, ø 3,5 mm, 3 cm lang
- 2 Schraubhaken, vernickelt, rechtwinklig, 2 cm lang
- Klarlack, matt
- Bohrer, ø 1,5 mm, 2 mm, 3 mm und 4 mm

VORLAGENBOGEN 4A

1 Die Eiskristalle, den Kragen und die Plättchen aus dem dünnen, die zusätzliche Mütze und das Flügelpaar aus dem mittleren Sperrholz aussägen. Das Mädchen, die Bodenplatte, die Seitenteile und die Vorderseite der Kiste aus dem dicken Sperrholz aussägen.

2 Alle Sperrholzteile, die Rohholzhalbkugel und die Holzzahlen wie abgebildet anmalen. Die Eiskristalle, das Flügelpaar und alle Zahlen mit Klarlack einsprühen, mit Iris-Flitter bestreuen und nochmals mit Klarlack besprühen. Alle Innenlinien und das Gesicht aufmalen.

3 Die Bohrungen ausführen. Dem Mädchen die Nase, die Mütze samt Eiskristall und den Kragen aufkleben. Die Mütze mit Strukturschnee und den Kragen mit Plusterstift in Weiß betupfen.

4 Die Bodenplatte und die Seitenteile an die Figur schrauben, die Vorderseite an die Seitenteile und die Bodenplatte leimen. Nach dem Trocknen die Schraubhaken eindrehen und die Kante der Kiste mit Strukturschnee verzieren. Mit dem Bindedraht die Perlmuttknöpfe verzieren, aufkleben und den Eiskristall an den Flügel hängen.

5 Jedes Plättchen mit einer Zahl bekleben und die Bohrungen anbringen. Je nach Datum zwei (z. B. 01 für 1. Dezember oder 1 und 2 für 12. Dezember) Plättchen an die Haken hängen und die restlichen in die Kiste legen.

1
2

Festlicher Lichterbogen

Beschreibung Seite 32

Festlicher Lichterbogen

→ braucht etwas Zeit

MOTIVHÖHE
ca. 25 cm (ohne Kerzen)

MATERIAL
- Sperrholzrest, 6 mm stark
- Sperrholz, 8 mm stark, 45 cm x 70 cm
- 6 Holzkerzenhalter mit Messingeinsatz, ø 2,3 cm, 1,9 cm hoch
- 9 Sockelleistenstifte, ø 1,4 mm, 2,5 cm lang
- 6 Pyramidenkerzen für kleine Pyramiden
- Sägeblatt, extra dünn
- Bohrer, ø 1,5 mm und 2 mm

VORLAGENBOGEN 4B

1 Das Motivteil und die Bodenplatte wie auf Seite 4 beschrieben auf das dicke, die Sterne auf das dünne Sperrholz übertragen und aussägen. Für die innen liegenden Flächen ein Loch (ø 2 mm) in die Flächen bohren und das Sägeblatt durchstecken. Zuerst die kleinen, dann die großen Flächen aussägen. Die Kanten mit Schleifpapier, evtl. auch mit kleinen Feilen glätten.

2 Die Kerzenhalter und Sterne in der Mitte durchbohren. Am Lichterbogen für die Befestigung der Sterne mit Kerzenhalter die Löcher bohren. Einen Sockelleistenstift von oben durch das Loch im Kerzenhalter stecken, etwas Leim auf die Unterseite des Kerzenhalters geben und auf den Stern stecken. Den Kerzenhalter samt Stern auf den Lichterbogen leimen.

3 Die Bodenplatte von unten durchbohren. Dafür zuerst drei Löcher im Bereich der Befestigungsfläche bohren. Dann die Position der Löcher an der Unterkante des Lichterbogens markieren und bohren. Den Lichterbogen von unten mit Sockelleistenstiften und etwas Leim auf der Bodenplatte fixieren.

DIESES BUCH ENTHÄLT 4 VORLAGENBOGEN
Hilfestellung zu allen Fragen, die Materialien und Bastelbücher betreffen: Frau Erika Noll berät Sie.
Rufen Sie an: 05052/911858*
*normale Telefongebühren

IMPRESSUM

FOTOS: frechverlag GmbH, 70499 Stuttgart; Monika Gänsler (S. 2/3, Schrittfotos); Fotostudio Ullrich & Co., Renningen
DRUCK: frechdruck GmbH, 70499 Stuttgart

Auflage: 5. 4. 3. 2. 1.
Jahr: 2012 2011 2010 2009 2008 [Letzte Zahlen maßgebend]

ISBN 978-3-7724-3712-0
Best.-Nr. 3712